AF275340

CUERPO BLANCO

L. T.

CUERPO BLANCO

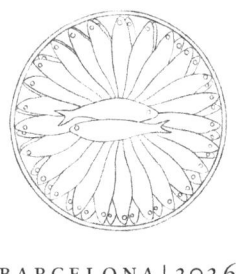

BARCELONA | 2026

ULTRAMARINOS, 39
Dirección editorial: Unai Velasco

«Una vez que los marinos aprendieron a abandonar las costas y a navegar intrépida-
mente en alta mar, conscientes de que no se aproximaban a un mar tenebroso sino a
una tierra muy parecida a la que habían dejado atrás, el océano se convirtió en un
medio para unir los continentes más bien que para separarlos.»

CLIVE DAY, *Historia del comercio*

NOTA A LA EDICIÓN

En su anterior libro, *Cuaderno del alcalde* (2023), el autor incluía una suerte de pórtico donde una voz afirmaba:

> Los dolores que puede soportar un ser vivo
> son casi infinitos
> y esto es la prueba de algo, pero

Esa potencia del dolor tendría un sentido, una referencia dentro de un orden de cosas.

Tres años después, este *Cuerpo blanco* —lector, permíteme ahora que te adelante unas páginas— comienza con una cita de las *Investigaciones filosóficas* de Wittgenstein, la número 666. En ella se nos invita a imaginar que estamos en casa —¿se nos ordena?—, sintiendo dolor, mientras un vecino se dedica a afinar su piano. Como en su anterior poemario, la experiencia del dolor es una proposición de partida, la consideración de un estado físico cuya investigación debe aportarnos alguna relación de cosas, sentido, la prueba de algo.

El siguiente paso, con el cual se supone hemos de avanzar sobre seguro, *El cuaderno del alcalde* nos lo hace dar en la bruma:

> todo se confunde entre la penumbra
> del interior y la perseverante
> claridad del exterior

Mediante la cita de Wittgenstein, el autor nos conduce aquí también por la falta de certeza. Se nos anima a la introspección, pero esta ocurre otra vez en un punto ciego, el de la afinación musical de un piano que no vemos: ante la promesa de una futura armonía exterior del instrumento, tal vez apaciguadora, el presente es el tormento de una ejecución disonante: golpes dispuestos casi al azar, tensión de cuerdas y clavijas, notas que caen sobre nuestro sistema nervioso como un obús. Ese es el lugar donde ocurre la poesía de L.T., en esa tesitura del cuerpo y el espíritu el autor nos da la mano, *mon semblable*, y nos invita a entrar y compartir el sufrimiento.

Mientras que en *Cuaderno del alcalde* la confusión del espacio se manifestaba de forma explícita, en esa «Francia atlántica» vaporosa, delicada y gélida, encerrada en sí misma como una bola de cristal navideña, casi maravillosa, en *Cuerpo blanco* los sucesos ocurren discretamente en un hotel de tres plantas, recogidos en el transcurso de una noche, con la rebaba que deja en forma de día. Esta vez la confusión del espacio no es literal, es simbólica, está tematizada mediante el motivo del hotel encantado.

El drama es mínimo: aunque asoman algunos de los elementos que conforman el lugar común (el juego de luces, la orfandad del ruido, las contadas apariciones) todo se reduce al relato inconsistente que un personaje le cuenta a otro durante su estancia. Igual que ocurre en la película de terror *The Inkeepers* (2011), de Ti West, los personajes se disponen en torno al miedo y la acción desde lo tribal, desde el *small talking*, movidos por el aburrimiento del recepcionista.

El relato de los sucesos se alarga, se detiene, vuelve sobre sí mismo, se desdobla y se solapa. ¿Qué ocurre en verdad? ¿Quién habla y por qué? ¿Quién anda ahí, en las sombras del tercer piso? Acude a la mente la pregunta de Paul Valéry con la que comienza *La joven parca*: «Qui pleure là?» ('¿Quién llora ahí?'), donde interroga y se interroga sobre la tristeza. ¿Si no es el viento, acaso es un fantasma?

Es tentador hablar de voz de pesadilla para explicar la suspensión de la lógica de los acontecimientos (la descoyuntura de la narración, del tiempo y de los personajes) y emparentar a L.T. con lo onírico y lo siniestro. El autor nos encamina con su cita de Wittgenstein, que además de ponernos sobre la pista del demonio y la ironía, niega una posible simbología onírica y establece que el terreno en el que está construido el hotel es el de la investigación propia de la filosofía del lenguaje, de la relación entre la realidad y los signos, el sentido.

A esta luz desconocemos quién padece realmente en *Cuerpo blanco*. Desconocemos los motivos del sufrimiento. Pero no porque el sueño le ponga caretas al drama, sino porque el sufrimiento no obedece a nada (hace obedecer, atormenta). El sufrimiento no tiene referente, es puro, autoinfligido, como las frases de la ficción, que al decirse fabrican su propio antecedente fantasma. Es esa falta de relación con el exterior lo que otorga intensidad a este libro y su sensación de incertidumbre. De nada nos sirve perseguir las voces, porque no nos van a revelar nada. El truco es que no hay trato. Las preposiciones, fuera de lugar, las proposiciones, a veces torpes, exponen la fisicidad de un lenguaje puesto ahí, que no nos permite circular de forma clara hasta el sentido.

Igual que ocurría en *Cuaderno del alcalde*, donde la lectura terminaba con una alusión bíblica (el «Dios sobre nosotros» de Isaías) que ascendía por encima de la cabeza seccionada del alcalde y la del verdugo, en «De la muerte al amor» (así se titula la sección final de este libro) se produce también un movimiento de ascensión hacia los cuerpos celestes, que pone fin al calvario por mediación de la gracia, un amor de naturaleza divina que ignora también las referencias morales lógicas.

Unai Velasco

CUERPO BLANCO

.

Imagínate que sientes dolor y que al mismo tiempo oyes que en casa del vecino están afinando un piano. Dices «Pronto terminará». ¡Hay sin duda una diferencia entre referirse al dolor o bien a la afinación del piano! — Claro; ¿pero en qué consiste esta diferencia? Lo admito: en muchos casos, a un u otro referirse corresponderá una dirección de la atención, a veces también una mirada, un gesto, o un cerrar los ojos, que es lo que se podría llamar «mirarse hacia dentro».

LUDWIG WITTGENSTEIN

§666

DE NOCHE

la misma jornada en que alcanzó la alcaldía
fue a pasar la noche en el hotel

hay una persona con él
«yo es que no soporto mi oficio…»   «dónde le chupo»
«te digo ahora que termine el yogur,
          ten, en recepción no me han dado la habitación 67»

luego esa otra persona entra al water
tira de la cadena
y deja escapar el aliento

antes de que vuelva a la cama
ve una nota pasar por la ranura
de la puerta de la habitación
abre la puerta al pasillo oscuro de 1997 sin sensores de movimiento
y ve una completa oscuridad bajo el dintel
          cierra con gran melancolía, se gira
y se retira a mirar por la ventana
el volcán que da nombre a su ciudad

          «Te voy a contar una historia de miedo en hoteles
                              ahora que sales del water:
          alguien joven que viaja hacia el este (podrías ser tú)
          llega a un hotel y pide una habitación,
          le ofrecen la 57 y le prohíben la 67, la última planta,
          porque la planta está cegada
          no está permitido subir, está prohibida, el ascensor no llega
          y le advierten en recepción que por favor no se acerque
          a esa planta ni a esa habitación…

por la noche se asoma al pasillo
sube las escaleras a oscuras hacia la planta superior
hasta la puerta 67
y se arrodilla (ahora sí que pareces tú)
para mirar por el ojo de la cerradura:
se ve la habitación a través de la cerradura
la ves más o menos
la luz medio encendida
y parece que hay alguien
en el centro
la piel rosácea
en una silla
con el pelo muy sucio

cuando empiezas a oír tu propia respiración
razonas que se te puede oír
llevas mucho tiempo mirando
¿te habías olvidado de que también estás ahí
o cómo es eso? intenta calmarte

pero aquella persona de la silla ya se ha levantado
te caes hacia atrás, gateas mal hasta la salida que da a la escalera,
entonces te detienes a escuchar:
nadie ha abierto la puerta,
el pasillo sigue con la luz apagada y con los pulmones vacíos dices
… *excuse me?*

la historia original sigue así:
vuelves para mirar otra vez por la cerradura
pero ya no encuentras la silla
ni la habitación

porque ahora está tapada la cerradura, está cubierta
tiene algo detrás
algo oscilante
parece que de color rojizo
y luego completamente
encarnado

cuando mueves un poco el ojo para atinar bien
y buscar un hueco

nada

está tapada.

Vuelves a tu habitación y te duermes
(no te preocupes que esto no va a pasar)
Antes de marchar
por la mañana
lo confiesas en recepción
para calmarte
o porque en recepción te vieron por las cámaras
y te preguntan
te reclaman
con modales pero te reclaman
y entonces tú pides perdón, te excusas
pero también inquieres:
quién vive ahí
si esa habitación estaba vacía
desocupada supuestamente

esa habitación, dice la recepcionista, está vacía

insistes

insistes mucho

dices que había alguien en esa planta
que te asomaste a la cerradura
y lo viste
que estaba oscuro
pero lo viste

es algo muy conocido...
nadie quería dormir en esa planta
y entonces se cerró la planta entera...
dice

¿te imaginas por dónde va el asunto ya o no?

la violencia fue máxima...
el celador dijo que la cara daba más miedo que pena mirarla
el detalle del ojo sobre todo
en esa persona
era algo muy irreal

¿comprendes?

si no lo comprendes vuelve atrás
a la cerradura
cómo se ve por dentro
por el otro lado

de todas formas
no parece muy formal
que la recepcionista te vaya a contar todo esto

nada de esto es verdad

así que escúchame a mí
cómo las cosas suceden realmente
y atiende

antes una pausa

ven a la ventana

afuera no hay un alma

agáchate aquí:

cuando vas a bajar a tu planta
después de mirar en la cerradura y etc.
piensas entonces que después de todo esto
no quieres irte con miedo a la cama
qué cosa hay peor que esta:
dormir con miedo
dormir con la tripa revuelta
y quieres solucionarlo, aclararlo
resolver el asunto

vuelves por el pasillo
a oscuras, y te pones otra vez
delante de la puerta
de la habitación 67

no lo piensas más
y llamas con dos golpes, no tres
dos
y no abren
te vas a ir
pero vuelves a intentarlo

y no abren

la mano en el picaporte

coge aire

está abierto

y abres despacio:
la sala oscura con la silla vacía en el centro,
caminas unos pasos
hasta la bombilla que cuelga de un cable
encima de la silla, la luz es como de unos 5 y pocos watios
una real porquería de luz
está medio ida
e ilumina unos centímetros

la sala podría estar vacía o no
porque no se ven las paredes
no se ve perímetro

excepto si fuerzas la vista

empiezas a ver primero el polvo
y luego
atraviesas el polvo y ves algo de la pared
un muro
gris
con una estantería, gris también o metálica,
de obra
y como has perdido la visión
periférica

bilateral

te giras completamente

hacia el sonido
de una pisada despegándose de la moqueta
a tu izquierda

o a tu derecha

a tu espalda

y con los pulmones vacíos
dices

... *excuse me?*

ummm...

mejor no seguir esa dirección

no es una dirección realista

pero aguanta que termine
y me limpias con la sábana

termino de contarte:

finalmente decides no volver
tienes
lo más seguro
demasiada inquietud para ir a disculparte
mejor zanjarlo con tu conciencia y se acabó
o zanjarlo en sueños o en vela
mejor olvidarlo

a solas

vas a empezar a bajar las escaleras

empiezas

pero al final del primer tramo abajo

está la mujer de la recepción

subiendo

vas a ir hacia ella

vas a contarle
lo que viste en la silla
a través de la cerradura

tienes la vista puesta en ella

sin embargo, ella
desde abajo
no te está mirando a ti

mira
por encima de tu hombro

y agachas la cabeza sin querer

sientes la nuca oscurecer

todo aquí dentro huele a ti
o tú no te hueles
ni siquiera ahora te hueles
me llevo
tu toalla para la ducha

mientras me seco escucha

no vuelves a la habitación de la 67 a disculparte
tampoco te cruzas con la recepcionista

vuelves a tu habitación

una planta más abajo

habitación 57

hay moqueta blanda en el pasillo de la 57

la moqueta de la 67 estaba levantada
la habrían quitado hace mucho
lo más probable

llegas a tu cuarto
abres la puerta

enciendes las luces
desde la puerta
lo primero

pero no te sientes bien

entras
pasando por alto

la puerta entreabierta del baño

te sientas
al borde de la cama

es muy de noche, no sabes la hora
y la ventana refleja a medias
dos puertas
la entrada a la habitación
y al baño

para tu composición de lugar

en ese momento
intentas encender el televisor
pero no responde

insistes con el mando

es muy molesto

todo es muy gris

insistes más y más
te molesta mucho
lo necesitabas
la televisión

te incorporas incluso sobre el aparato
para ver algún botón
tocas por detrás los cables

no te rindas tan rápido

en el cuarto huele a polvo
lo has notado al moverte

es normal en una habitación de hotel

de nuevo la intranquilidad

vuelves a moverte
te has agitado

huele a polvo

y también a fruta pasada

¿olía antes también a fruta pasada?
te preguntas eso
¿o ha sido ahora?
¿ha sido después de moverte mucho?
¿de mover cosas?
a lo mejor es que ese es tu verdadero olor
o a lo mejor ha cambiado algo
antes te has movido tú
y olor a polvo
ahora te has movido
lo has movido todo
y olor a polvo
y a fruta pasada

te has sentado en la cama

la pregunta obvia y que no vamos a evitar formular
es si aparte de tu cabeza caliente

alguna otra cosa está caliente a tu lado o cerca
o más o menos cerca

y no quieres moverte más

y tampoco vas a mirar en el reflejo que hace la pantalla del televisor

sin embargo

miras en el de la ventana

ahora
si el televisor hubiera funcionado
te hubieras olvidado de todo
nada de esto habría sucedido de esta forma
si cambias una cosa cambian otras
es lo que te he explicado

el televisor se ha encendido a la segunda
te has olvidado de todo
te has abstraído

y mirando al televisor encendido

sesenta minutos después

oyes cómo llaman en la puerta de la habitación contigua

en la de al lado

ha sonado fuerte

y en seguida
más fuerte
llaman en la tuya

te diriges a la puerta
y te asomas al pasillo, no llegas a salir

en el pasillo

se encuentra, a tu derecha, otra persona

tu vecino

no sabrías decir si es un hombre o una mujer
las caderas

todo se encuentra a oscuras

menos por la luz de emergencia
el piloto de la luz de emergencia
sobre la puerta del ascensor y la escalera
al fondo del pasillo

la otra persona pregunta
si también han llamado a tu puerta
lo he oído, dice
han llamado a tu puerta,
cambia de postura para decirlo

intercambiáis unas palabras

ninguno sabe cómo resolver lo ocurrido

tampoco habláis tanto

de modo que os dais las buenas noches, para regresar
a vuestros cuartos

a lo mejor os estrecháis la mano

ahora, cuando vuelves a tu cuarto
y te paras frente al televisor
te preguntas por qué el vecino tenía prácticamente cerrada
la puerta de su cuarto

parado allí

prácticamente en medio de la oscuridad del pasillo

en ese momento de reflexión

sientes tus tripas revolverse

mientras esperas a que de nuevo
llamen a tu puerta

una pregunta te hago
qué estás viendo en el televisor
o es que no veías nada
estás empezando a perderte

a echarte a perder

tengo este bote de crema de manos
ponme aquí:
entiendo que si te empezaras a dormir sin oír un golpe en la puerta
estarías con el oído atento
el vello de la piel

haciendo que oyes la televisión

haciendo que la miras

eso también contribuye a tu sensación
de desvelamiento
a tu sensación de irrealidad, podríamos llamarla
porque
propiamente
en el fondo no te dormirás de verdad

cuando uno se encuentra en un estado así
de sugestión
vamos a llamarlo así
mira muy bien todo lo que pasa alrededor

esa es la palabra: desvelamiento
y estado de sugestión

los cambios,
los cambios
te alteran
cualquiera que pases por alto
puede resultar tremendamente mal
catastrófico
desmoronarte del todo
me entiendes qué te quiero decir

si oyes que han tocado en la puerta
de tu cuarto
aunque sólo hayas creído oírlo
y te pares a pensar
y te pongas a escuchar con más cuidado
a ver si era la ducha,
un bote, el mando
que se ha caído
en otra habitación o en la tuya

si han tocado en tu puerta

vas a saberlo con seguridad

pronto

porque después tocarán en tu ventana

en tu cuarto
apagas las luces para dormir
ojalá que hubiera un regulador
porque la habitación se queda oscura muy rápido

pero después
cuando se te acostumbra la vista
y esto tarda más
un tiempo no determinado
hay contraste
notas contrastes
o sea que ves algunas formas
bultos, etc., el punto verde de algún piloto encendido

es algo que pasa en la oscuridad
pasa más que nada en las habitaciones no conocidas
así que giras a los lados
en la cama

lo que importa es que no duermes

tu vista se hará algo más

y verás cosas
asomando
de la puerta del baño por ejemplo
entreabierta
porque al pasar habías obviado que la puerta del baño
estaba entreabierta

lo raro sería que la puerta del baño hubiera estado cerrada

baño cerrado, baño ocupado

de modo que has sido racional
aunque con la luz apagada es un poco distinto
funciona de otra manera, etc.,
y propiamente no puedes asegurarlo

pero unas manos se asoman del hueco de la puerta

no entenderás los movimientos
las posturas
hacen aproximaciones
por más sencillo que lo pongan
no se comprende
y sólo habrá una forma de corroborarlo
sólo que dar la luz ahora
es más un desconsuelo
te trae desesperanza

y me dirás que no te ayudo

para qué te digo esto
antes de dormir

puedes dar la luz si quieres
también puedes dar la tele
yo hago eso a veces
pero por otra razón
no te la voy a decir

ahora da la luz

tienes que levantarte de la cama

a lo mejor también puede que esté todo a mano
desde tu cama
el interruptor
tendrás que rodar a un lado o al otro

el mando

si te centras en el mando
si lo que quieres es la televisión
si lo que quieres es la compañía
no lo busques demasiado el mando

vas a deshacer la cama

vas a meter la pierna en las sábanas
vas a liar las sábanas
te vas a liar, te vas a enredar y a lo mejor te agobias más
igual pierdes más el mando
igual te agobias
o te enganchas
y no ves a tiempo
cómo se va abultando el edredón
en el extremo

vamos a terminar de momento ya
volviendo a unos datos de la historia original
que pasamos por alto
y que también importan:

que en realidad no hubo una paliza mortal
en realidad había dos personas muy tristes
en decadencia
en esa habitación del hotel
la 67

se mataron solos
el uno al otro
de pura decadencia
no sé el método
sí que quedaron con ese aspecto
pura desdicha
los ojos rojos, etc.,
propongo:
se ahogaron uno a otro
se magullaron
se automutilaron entre sí
por ejemplo

ahora, a uno lo viste en el cuarto
al principio
por la rendija de la llave
la piel rosácea, el pelo sucio

pero hemos dicho que son dos, si los dos se mataron

tienen que ser dos si los dos se quedaron en esa habitación

quiero decir si los dos se mataron
entonces ninguno se fue del todo
ya me entiendes ahora

el otro, veamos
el que falta
pudo quedarse en el pasillo
retirado

pudo haberse pasado el tiempo allí
los años, los ratos muertos

puede que deambule en el hotel

y el rato que has estado tú
con el ojo en la cerradura
esperaba
seguramente
en cuclillas
por ejemplo
en sentadilla
sobre los talones
¿me entiendes lo que digo?
o de pie en el rincón

siempre hay alguien mirando
siempre hay alguien
hurgándose

respirando

tú por ejemplo
lo más seguro que alguna vez
hayas mirado de lejos
a otros así
a otros sin que te vean
concentrados en otra cosa
porque todavía no saben de ti
y por eso no te advierten al principio
como cuando veías por la cerradura

dime que nunca te has quedado
en la esquina
mirando a alguien moverse

si lo piensas
es lo mismo
párate un momento
si lo piensas
puede pasar igual ahora mismo

puede estar
con nosotros
aquí, me refiero
a una distancia relativa
prudencial
mirándo*te*, mirándo*nos*
¿quién habrá mirándo*nos*?, te pregunto

estás en silencio
párate
¿o es que no oyes respirar?
pregunto

mira bien...
¡da la vuelta!

me lo acabo de inventar

en realidad sólo había una persona en la habitación

por cierto
se me ha hecho una irritación en esta pierna
que parece una pata de demonio
vas a tener que cuidármela esta noche
así hacemos pausa

esto ya ni te estará afectando

y me gusta que te afecte

pausa

DE DÍA

termina la pausa

al final te has dormido

demasiada excitación

cuando uno despierta igual que se acostó
y sigue siendo de noche
es desolador

pero no te ocurre esto, pasó el tiempo
puedes alegrarte
vamos a examinar esta hora de las 7 am

estás en el salón comedor
no hablaremos de cómo llegaste
en ascensor
imagina, es irrelevante
te cansó dormir
así que te olvidas del trayecto después de hacerlo
es un alivio

te hablaría de mí, puesto que me lo pides con los ojos
unas notas de coherencia
de verdad a todo esto:
no puedo tomar leche, me sienta mal
a la gente le desagrada oírlo
no me importa
luego se acostumbran
además, nadie puede decirme nada
importa más

lo que yo piense
así son las cosas de la vida

querías que te hablara de mí y lo he hecho

te he contado lo más importante
ya que vas al salón comedor
y debes tener en cuenta mis opciones
no mis gustos
mis opciones
mis gustos ya los sabes de hace más de una hora

si no tu situación no sería tan favorable

así que quiero un yogur y una naranja
un café solo
y el yogur sin leche, vegetal
si les queda,
les quedará
me lo tienen preparado
dame si no cualquier cosa que te quepa
en las manos
me entiendes

mala suerte para ti:
parece que hoy no hay ceniza en el cielo
es un día claro
con cielos así a uno le dan ganas de colgarse
lo digo por ti
no por mí
tampoco por los demás
por la media
te leo los pensamientos
ya empiezas a estar con muy poco ánimo
la palabra que buscas no es depresión

no tengas prisa, vale
frena, piano piano
ya te lo explico yo

entras al salón-comedor
es grande
pero las cortinas siguen medio corridas
como lo estaban anoche
como lo estuvieron durante la noche, me entiendes
cuando estaba cerrado el salón-comedor

parece entonces que no está abierto
a lo mejor es demasiado pronto
a lo mejor hay poca gente
demasiada poca gente en el hotel
o demasiada poca gente despierta
y todos duermen
a lo mejor se marcharon todos a disfrutar de las vistas
de sus hijos, las raquetas
qué más dará
a ti no te sirve ahora
las fuentes del autoservicio están vacías
asómate un poco

las ventanas, pasa bastante luz
prácticamente deslumbra
pero las cortinas tapan la mayoría del cristal
así que en general podrías decir que hay una medio oscuridad
una semi penumbra general
y te quedas mirando un rato aquellos puntos,
la parte sin cubrir de los cristales
accesos de luz
escuece a los ojos
esta luz
ni limpia ni agrega

el cielo lo tapa esta luz
que no va a terminar de despertarte

suenan golpes, toc toc toc
no es que llueva
hay algo en la entrada del salón
que has dejado a tu espalda

bonjour? sir? lady?

dice el recepcionista

todavía tiene el puño en alto
lo apoya en el cristal de la entrada

te giras

la recepción demasiado oscura también
incluso más
para tu vista
deslumbrada hace un momento
por la luz de las ventanas

la inutilidad de todo
la basura de las cosas
qué situación más densa
tienes una sensación muy mala
yo no dejo que me molesten cuando me despierto

pero tú eres una persona muy bien educada
ya lo hemos comprobado
y vas
hacia la persona que te llama,
hacia la recepción que está medio oscura

por los estores
casi cerrados del todo

los entrevés

los estores casi echados:

ahora en el salón no damos desayunos,
anything else you need?

no estás tan mal como por la noche
te estarás planteando esto ahora
o sí lo estás
sí estás peor
pero eso que sientes
lo que sientes ya no es tan inminente
tan apremiante
te preguntas si entonces
por esto
lo que sientes
si ya no significa nada
y es probable que no
todo lo que pasa prácticamente empeora tu estado
es lo normal
la palabra que buscas es desasosiego

así que te quedas con el recepcionista

parece que para nada
parece que para toda la vida

en la recepción que tiene los estores entrecerrados

con una luz muy mala

de tienda vacía, de maletero, una luz pésima
decadente
o ahumada

para ti al menos

para otros sería una luz interesante
para la media
una luz de meditación, estacional
yogui, de pararse
de gente muy relajada
al amanecer
para ti es...
perdición
una luz irreal
pero igualmente cotidiana
puramente
y aunque todavía no lo sepas
ya lo notas en la tripa

preguntas si no tienen algo de comida
y si no podrías tomar algo, el café
o lo que tengan
pero en las mesas del salón-comedor, por favor
no molestarás le dices, tú ahí te sientas
a comer tu magdalena y no molestas
te gustaría desayunar con más luz
y resulta que ahí en la recepción
casi no hay

pero el recepcionista
no es que no sea amable
es que no está para ti

llanamente
sólo ofrece darte café
dime si eso no es amabilidad
y va echando una cadeneta
al salón-comedor
algo parecido a decir tú no vas a entrar
pero en palabras no dice nada

así empieza la mañana, esta hora de las 7 que analizamos

de todas formas límpiame bien primero
toda la pomada,
sigo:

what would you like to drink? dice el recepcionista
o ¿qué va a beber?, te dice
y tú te haces entender
y pides un café con un poco de leche,
ya me lo pides a mí también
pide leche vegetal, leche de cultivo
mis opciones: nada de leche
el recepcionista te mira mientras se lo explicas
a la vez que asiente
no tiene una cara peculiar
no es una cara rara
aunque realmente no se le ve del todo
así que tiene cara de nada
es una persona apagada
igual que tú al despertar

entra detrás de la cabina
donde tiene la máquina del café
también algunas magdalenas
que no te ofrece en ese momento
a lo mejor espera a que se las pidas tú:

le pides una
sigue ocupado
si te parece vuelve a pedir
pero seguirá en su ocupación terca
en lo que ya le habías pedido primero
ocupado en el café hasta que lo tenga en marcha
hasta que encienda la máquina
y entonces apoyará un brazo sobre el mostrador
parece molesto
le has molestado, claro, cómo no
te dije que no estaba ahí para ti
no es la primera vez que vives esto, seguro
estira entonces el otro brazo
el que no apoya en el mostrador
lo estira con la palma hacia arriba
con la palma caída
para señalar muy cerca
para indicarte a tu izquierda
para decirte

puede sentarse en esta butaca a esperar
o *you may sit on this chair, if you like*
ya le llevo yo la magdalena
y lo otro

pero tú te giras
y le dices

but, sir, excuse me, perdone
there is someone already there
el sillón está ocupado

¿entiendes lo que acabas de decir?
te lo pregunto, lo que acaba de pasar
las connotaciones
los detalles

el recepcionista dice:

puede sentarse en esta butaca a esperar
o you may sit on this chair, if you like

y tú:

but, sir, excuse me, perdone
there is someone already there
el asiento ya está ocupado

no ves lo que has dicho aquí
te lo tengo que volver a explicar
tienes la cabeza ida, tienes la mente irritable
nada de concentración
tus 7 am no son las de la gente relajada
tus 7 son las del trasnochamiento, las de los ojos con derrame
las de involuntariamente se hace lo que se puede
pero mira lo que provocas
el deshecho que provocas
pon más atención

you may sit on this chair if you like, tome esta butaca
but, but, excuse me, perdone, sir,
there is someone already there, el sillón ya está ocupado

lo simplifico

cuando apoye el brazo el recepcionista
antes de que diga nada
dirás

i would like a coffee y dame también una magdalena

lo pedirás con miedo a tu voz, a tu mala cortesía
a tu poca vitalidad
y el recepcionista
levantará una mano, lo hace sin reparos
sin mirar por ti
con la palma hacia arriba
por encima
de tu hombro
la palma caída y dirá sin mirarte

hay alguien antes,
traes cola

bonjour?

el recepcionista ha sido amable

es otro contexto

las bandejas de los desayunos están llenas

y un camarero te atiende a ti

atiende a todo el mundo

es el salón-comedor

con la palma de la mano extendida

welcome, bonjour, konichiwa

estás en una de las mesas-redondas con mantel pesado
una mesa-camilla
la luz que entra por las ventanas
cortinas abiertas

entra limpia

seré breve:
estás masticando algo
crema, hojaldre
afuera limpian la piscina o limpian árboles

hay familias

el desayuno

desayunan

es otro contexto
tu alimento
la textura
todo es grande
es poroso
amplio
ventilado

pero empiezas a comer

al principio no te das cuenta

llenas más rápido la boca que el estómago
los pulmones antes que la tripa
por el entusiasmo

te habías entusiasmado

esa es la palabra

es un ejercicio comer

seré breve

masticas
pero no te sabe
el hojaldre
la crema
es sin sabor
te sabe menos que otras mañanas
oyes la fuerza de las cosas

insaboras
no hueles las plantas
no hueles las hierbas
no te saben demasiado
te sabe menos la crema
te sabe menos que la saliva
piénsalo
centra esta idea
esta involuntaria
e inminente
falta de fuerzas
de perspectiva
esta inminente apatía
céntrala bien

las cosas de anoche
aunque es de día
7 am
todas siguen rodando
igual se debe al desayuno
el café con leche de la espuma blanca
que te lo cambien a uno que sepa
come dos veces, llénate, hínchate
a ver si es verdad que sólo eso circula mal
o a lo mejor el aire está puesto en ciclo
a lo mejor son los camareros
a lo mejor no hay familias en realidad

la luz y el aire están cargadas
sobrecargadas

eso no está bien

todo se te viene abajo

a mí no

a los demás tampoco

es porque no abren las ventanas
a lo mejor no hay nadie
y si la ventilación está puesta en ciclo
a quién vas a reclamar
nada se renueva
no se renueva el aire
no se renueva la luz
no esperabas que fuera a ser así
te afecta todo de esta manera
de un modo malo
cuando uno siente algo parecido quiere llorar

estás en el salón-comedor del hotel

estamos en un hotel

es el mismo contexto de anoche
pero sin sabor

te recuerdo dónde estamos
se ha hecho de día del todo
pero no ves nada que te diga que las cosas serán mejores
nada que te evite la próxima noche
o te limpie de esta sensación que tienes por delante
un día mal ventilado
un día sin gente
un hotel, por ahora
un rato más

un rato más de entrega

muy parecido a esta habitación
el polvo y la fruta pasada
tienes mi voz
lo que yo te diga

atiéndeme bien

todavía no he terminado

y límpiame la polla

PRONTO TERMINARÁ

dejamos el hotel

te cuento lo que pasa

te llevo a tu casa

a la calle donde te han recogido

no lo pierdas de vista

atiéndeme

ya conoces esa sensación de que es de día
hemos hablado de ello
hay sol muy pronto
hace calor desde muy temprano
y has trasnochado
transpiras

llegarás así a tu casa

no quieras quedarte aquí

en la calle el sol es muy terco

no hay una luz que te vaya a sentar bien
a mí me revuelve

a ver si me lo explicas un día

y en tu casa

coges el ascensor o la escalera
a lo mejor has comprado comida
tienes las tripas vacías
eso sienta mal
pero ya te digo que no lo compras por eso
te digo por qué:
aparentar

lo haces por las apariencias
eres una persona bastante perdida a estas alturas
el sudor medio agrio
igual que el sabor de boca
agrio
masticas un poco
hay desgana, detecto poca apetencia

no entiendes lo que te quiero decir

compras por comprar
no como harías
cualquier otra mañana

te lo vas a pensar mucho mientras andas
cómo vas a hacer para mantener la normalidad

no quieres llegar a tu piso

sin sentir que controlas la situación

mercado, calle, ascensor

ya has llegado, venga
la llave
estás en tu piso y ahora qué
qué quieres que pase

al bajar del coche

baja
todavía sigues en mi coche
o espera
espera que te lo cuento aquí
ya te cuento yo lo que va a pasar ahora

no hay nada que pueda tomar entre lo que has comprado
olvidas que sigo contigo
arréglalo
cuanto más pobres menos consideración
para estas cosas
la humildad es mala
maligna
es del maligno

cuida estos detalles

has tocado las monedas
cuando has ido a pagar

has pensado
espera:
las monedas ya las ha tocado otra persona

esto es algo normal
mucha gente antes que tú
las toca
o a lo mejor son nuevas
a lo mejor sólo las tocó una persona
antes que tú
una persona
que no quieres tocar
el intercambio que no quieres hacer

has comprado el alimento
vas a comprar un conejo
y tocas la mano del tendero
que te tiende la carne
¿conocías esa sensación?
te lo pregunto
es desagradable
inexplicable
y pensando en cosas inexplicables no vas a saber mantener la apariencia
la normalidad que manifestarías
en un día concreto
correctamente estructurado
correctamente disfrutado
consumes los días
a veces hacer las cosas de la compra es una tarea inhóspita

preferirías en principio
cualquier otro lugar
claro está
si lo hubiera
mejor que ir a tu casa
se te ve en el gesto
cuando pasas la noche fuera lo normal es que vuelvas
a casa directamente
aparentarías si no una anormalidad manifiesta
muy claramente
eso serías, alguien que vive un día anormal

personalmente
tú, personalmente
lo que buscas es evitarte
me entiendes qué te quiero decir

pero en tu casa estás tú

y entonces qué
a dónde vamos
nos tiramos al río
tú me dirás
definitivamente tienes una razón

te mueves el pelo en el ascensor
arañas con la llave el nacimiento del pelo
eso está bien
me gusta
eso sí es natural
muy de todos los días

mírate
te has permitido una carrera
una carrerita
a la puerta de tu casa

ahora una vez en casa
qué hacemos en casa cuando estamos así
tan inhóspitos
tan caídos
qué hacemos entonces
para pasar desapercibidos
en casa

nada importante
qué más se puede hacer aparte de esto
actividad
volcarte en ella
pero te faltan las fuerzas

has hecho ya un gran esfuerzo
dios mío
a veces los días son ácidos

realmente tienes el cuerpo molido
has trabajado duro
te has ganado el pan
un homenaje
dormir, comer, que pase el rato
un poco rápido
si no es molestia, *s'il te plaît*

hay sol, había luz en la calle
sol claro
en lo alto
en la casa también debería de entrar
pero dejaste las persianas a medio cerrar o a medio abrir
hay media luz
semi penumbra
una media luz
muy triste
no a ojos de cualquiera
sino a los tuyos
que traes malos recuerdos
una inquietud de la noche anterior
que pasaste con sustos malos
momentos malos
por culpa yo sé de quién:
mía
pobre de ti
a lo mejor te has dejado abierta
la puerta de la calle

entonces si te vas a dormir lo normal es que lo dejes así
me refiero a las persianas

a que no abras las persianas
te sigue preocupando romper las apariencias
nos vamos entendiendo
tener un día ordenado
que nada de la noche se te cuele en el día
lo normal entonces es que no abras persianas para echarte
y la compra no la has metido en la nevera
¿quieres tirar de la persiana?

abre
que así vas a estar mejor
tienes un cráter en el pecho
un frío lunar
venga
será lo mismo
es igual
hay gente que duerme también con luz
tira de la cinta
venga
si sólo la has tocado tú

demasiadas probabilidades
ofrece un entorno conocido
pensar esto te entierra

te has dejado la compra en la entrada

no habrás dejado
la puerta de la calle
abierta
detrás de ti
te lo pregunto otra vez

si te molesta el frescor en la casa
cierra bien la puerta

o abre las persianas, ¿en qué orden?
el orden importa
ve a la puerta
no te quedes en medio del piso

abrir y cerrar
como en los coches

ha sonado todo el eco en el portal

eso querías evitarlo
ese sonido es seguridad
pam, ya me entiendes

¿te has fijado por cierto que la luz del hall
la luz de la escalera
estaba encendida?
eso es que llevas muy poco tiempo en tu piso
u otra opción:
el tránsito del vecindario

todo esto te descompone la figura
esto prácticamente descompone tu alma
toc toc
sólo te queda el cascarón

guarda la compra

abre la persiana

tira de la cinta desde arriba hacia abajo
hazlo con la manga si quieres
hazlo con un papel
con un trapo, lo que quieras
ya en realidad no tienes sueño

sí cansancio
demasiada medianía
de comer o no comer
de luz o no luz
tienes la cabeza por dentro en semi abatimiento
en un semi abatimiento total

será que recuerdas lo que pasó anoche
historias de hoteles
te amargaste
yo conozco más historias
todas sobre tu piso
de hecho si estás atendiendo bien
verás que algunas coinciden con lo que te digo

se corresponden

no tienes valor
te dirás
esa cualidad que hace hombre a un hombre
quiero decir
humano
y no un bebé, uno sin fuerza
una inutilidad
prácticamente un fiambre de mierda

anticipado
hoy no duermes
te has secado
como una planta
la casa sigue a oscuras

debe de entrar mucha luz por esas ventanas
tampoco son enormes
no son para tanto

pero son ventanas
puedes abrirlas si quieres
eso no vamos a discutirlo
venga
para que entre ruido
venga
la tele si quieres también
la radio, lo que tengas
ya sabes
ponla
si ya sabes cómo funciona
o no me entiendes lo que te quiero decir
échate al sofá
¿es que no entiendes nada?
no te quedes en medio del salón
¿dónde sientas a las visitas?

ni has abierto la persiana ni la ventana
ni has encendido nada

por qué no te echas y ya
sin pensarlo
a tu espalda, a la derecha
al sofá que tienes a tu espalda
a la otra butaca
por qué no abres rápido las persianas y las ventanas
o enciendes la tele
o saltas por la ventana
o te bajas el pantalón y te mueres
por qué no te vas ya al cuarto interior y te mueres
va a tener el mismo efecto
eres una persona descompuesta
eres una persona desarraigada
no tienes sueño
has pasado ese umbral y sólo tienes cansancio

sólo desasosiego

sólo tienes calor

una mala sensación térmica

pero déjame que te tense un poco más
parece que todavía queda algo por decir
aunque ya estemos terminando

vives con ciertos sentimientos
muy a tu pesar
convives con las cosas
convives rodeado de advertencias
qué harás con ellas
cuando me vaya
que va a ser enseguida
no sé si entiendes a lo que me refiero:

has cometido un error muy grave
uno tremendo
mira un momento
el marco de la puerta
mientras hablo

mientras te hablo de ti

porque eso es lo único que pareces escuchar
sólo quieres que hable de ti
concéntrate por lo menos
levanta los ojos

te implicas demasiado en las cosas
has reflexionado mucho
tus incertidumbres

te consuelas con ellas
piensas mal de tus propias costumbres
las personas te vacían
ya te han vaciado
crees que esto no es un hábito:

es más que un hábito

estás en el sofá
te has sentado
y no lo sabes
pero es una descortesía

una meditación sobre lo que ocupas
en la vida de los demás:

poco
medio
nada heroico
no llenas realmente nada
por esto mismo:
una falta natural de carisma

puedo seguir

estás en tu piso
en el salón
en el sofá
piensas en tu carácter
pero esto a mí no me importa
se te ha deshecho completamente la apariencia
no importa que vuelvas
no importa tu rutina
no has mantenido la postura adecuada en ningún momento
te has sentado antes de arreglar nada

no has solucionado nada

vuelve todo el peligro
tienes cara de susto
pobre de ti, toc toc
pobre de ti
de qué vas a llenarte ahora

te lo diré

de lo mismo de siempre
de yogur, de conejo frito, de relaciones estrechas
qué bien estás en el sofa
qué bien se te ve
sin darte cuenta de nada
ignorando todo
cruza más las piernas
aprieta
entiérrate ahí
ya entiendes todo lo que digo
o no lo entiendes
aunque siga más
podría seguir un día más
un rato
más no
ni un día más, mira bien
ni un momento más

lo correcto es que el anfitrión reciba

algunas visitas llegan pronto

caminan solas por la casa

¿dónde recibes tú a las visitas?

te lo vuelvo a preguntar
que tú sepas
cerraste bien la puerta de la entrada

la dejaste cerrada o abierta
te lo pregunto

porque una cosa es lo que yo diga
otra lo que pienses
otra lo que realmente has hecho

eso ahora es lo que importa

tienes muchos sitios para mirar

para empezar tendrás que abrir de veras las persianas
no las has abierto aún
estás en el sofá
todo cerrado
abre bien
tírate por la ventana si quieres
busca primero ahí
hazlo donde quieras
ahora ya me entiendes perfectamente

estas cosas pueden pasar
el pasillo tiene la luz dada
se te ha puesto cara de susto

acabo enseguida

coge unas toallitas, un pañuelo
no quieras presentarte con esa cara

te busco un espejo
ni te levantes
espera

toc toc ¿me oyes?
yo me voy

te limpias con esto

levántame esa cara
no te tapes
levanta la vista, que me voy
ten
yo me voy
piano piano

os dejo a solas.»

DE LA MUERTE AL AMOR

escribo a disgusto
me he ido a vivir a una ciudad con chicos muy jóvenes
me he unido a ellos como a una miríada de pájaros
pero estoy más cerca de los 40 que de los 30
mis amigos abandonaron
trabajo en una empresa pequeña
limpio e instalo lo que haga falta
habito una casa menor
camino por las calles día y noche
cerca de los chicos
lo más aproximado
los chicos jóvenes son un momento de la piedra
los chicos del mármol
blandos porque se quiebran como el mármol

yo temo ante todo mi naturaleza
la niebla me corroe
se parece al paso del tiempo en los árboles
lento y bulboso
pero atrae mi cuerpo todavía el amor de los chicos
nunca de los mayores

muero cada día entre los brazos de otro hombre

dicho así suena terrible
no tengo fuerzas sin embargo para corregir nada
mis primeras páginas
fueron limpias
como una puesta de sol sobre el mar

añoro ciertas cosas del pasado

ahora tengo más fuerza en los brazos
es un tiempo solemne la juventud
la mediana edad tiene también sus sabidurías
pero sigo creyendo
más que en mi mente
en los besos de lo chicos

no creo que el paso del tiempo nos purgue de nada
todo está previsto en nosotros
el ímpetu, la sabia decadencia, lo indecente
senil, los gusanos
en esta ciudad con playa de roca
las gaviotas los buscan entre los guijarros
los chicos jóvenes son un momento de la roca
me entregué a vosotros como a un revuelo de pájaros
es bonito escribir a veces
voy a contar mi biografía hasta ahora
grandes elipsis
porque tengo problemas de concentración general

he abandonado una familia
después de que fallecieran sus miembros centrales
pero aquí he encontrado algo de belleza
recorro los puertos con la mano dentro del vaquero
bebo café en los muelles
y juego al fútbol con los niños
que golpean el balón cerca del agua

trabajo en una escuelita y en un hogar de ancianos
limpio las papeleras, los baños
el trabajo ennoblece mis manos
eso digo
invierto el dinero en el café de los puertos
y me mezclo con los chicos
como una miríada de pájaros

también así juego con los niños
y el balón lo golpeamos con toda la fuerza
porque nunca cae al agua
parece una vida feliz, una vida pura
maximalista
después de todo, es lo que escriba
me siento más cómodo así

desayuno en la ventana del apartamento
entre la humareda
de los muelles
también veo algo de cielo
y me limpio con un cartón
soy descuidado
bajo a hacer los menesteres para mi cuidado
como a una tortura
hacer la compra como una tortura
no me gusta pasear
pero sí ir a lugares
a los muelles
tomo café en los muelles y miro a los pescadores
a las parejas que se citan
y llevan minifalda y ellos vaqueros apretados
y muero a veces de dolor

en la escuelita hay fotos en las puertas de las aulas
son las caras recortadas
algunos niños son feos como murciélagos
no me identifico con ellos
todas son profesoras
no tengo trato con ellas
yo sé disfrutar un paisaje
salir a la calle siempre trabaje o no
y mirar a los chicos
sobre todo a los que pasan por el cielo

me apoyo en los muros
tomo mucho café
por la noche me entrego al amor
si no tengo dinero lo gano
voy a ser sincero en este punto
el dinero me importa
a parte de esto soy gentil con los de mi sexo
pero sé lo que pago,
es pagar
esculpir todo tipo de superficies

tengo pocas fuerzas en cambio
tengo poca potencia de ánimo
la vista cansada
lo digo en un sentido figurado
la potencia del pensamiento
eso mueve las cosas
los chicos que caen de los grandes
muros de mármol

una metrópoli portuaria
esto es
la vista es tan larga desde la orilla
que a veces necesito alejarme
buscando un río
el color del barro
que sólo tienen los ríos

huir de uno mismo
eso se dice mucho
irse a oriente
hacer un viaje hacia dentro
antes de los 40

o pasados los 40
antes del trip del alzheimer

pero yo huyo de mis conocidos
de mis amigos
busco mis nuevos amigos
pajaritos
en lo peor
voy a encaminarme
voy a hacerme un hombre

cuando los hombres hacen 40
las cosas cambian
se vuelven malévolos
taimados, domeñamos la juventud
o eso queremos

a veces busco unirme a lo peor
para revolcarnos
también lo hacemos en los muelles
detrás de murallas de barcos
como el oráculo, les digo
a los amores
grupos de dobles parejas
o de parejas triples
no nos quitamos los pantalones
salimos corriendo
todo es una provocación
grupos de triples o de cuatro
provocamos y evitamos las palizas
tomo aquí mucho café
tengo una cara joven
cara de mujer
perfecta

pero nadie es del gusto de todos
hay que trabajarse
cuidar cómo se camina
moverse como un semidiós
o no moverse en absoluto

progresivamente como menos que antes
hago flexiones inclinadas
fumo sólo por las noches

una vez que fui al río
no había nadie
llovía barro entre la torrencialidad
con los dedos
yo podía tocarlo
amarillo e indescifrable
entonces, tuve una visión
cerca de la otra orilla
muy cerca del agua
un ser vivo
el torrente le removía el pelo
las alas o el vestido
no sé
como una toalla sin escurrir
todo caído por el torrente
llovía demasiado para él
pero me estaba mirando
seguro que lo hacía
el miedo me obligó a seguir caminando
y me fui
me gustaría haberlo cultivado en mis manos
como los pantalones de los chicos de la orilla

en los escombros de un hospital
enseño a los jóvenes a liar cigarrillos
les enseño a agacharse delante de las mujeres
practican con sus compañeros
todo lo que veo me interesa
gracias a mi porfía

en esos mismos escombros
me siento a tomar café por las mañanas
por las noches al atardecer
me corto el pelo
me lo arreglo
procuro que mi cuerpo y mi carácter
sean simétricos
armónicos
me esfuerzo
es odioso contemplar a los amigos
lo que les hace el tiempo
una baja prolongada
un abdomen contraído
un abdomen inflado
como chinos que juegan al mahjong
prefiero los escombros
silbar desde los muros
beber café en la noche
no voy a mentir
no siento plenitud
desde los cero años
siento momentos de alegría violenta
un estado de generalizado malestar

ahora en esta ciudad fluvial trabajo mucho
en la periferia

veo a niños ricos
comen bien
no me los encontraré en los muelles

los días de niebla
es el delirio
la furiosa alegría, quiero decir
un chico
se agachó para mí
en medio de los muelles
en las calles de los estibadores
y se nos cruzan los transeúntes
nos golpean con el hombro o la cadera
sin vernos la cara entre la niebla
entre el ruido de los barcos atascados
mi botella con café
mi aliento con las nubes
chupo de la cola del león

aparece un hombre importante
también soy importante para él
tiene dinero
me paga
de vez en cuando
arreglo sus cosas
me ducho después
y pongo la radio
han encontrado a un joven
metido en unas cubetas
es la simetría alma cuerpo
no hay contradicción
desde un buque oscurísimo
veo el volcán abriendo la boca sobre las nubes
y me pudre por dentro la falta total
de perspectiva

la roca está en mi mente
mi mente la lamina
la determina lo mismo que un volcán
quiero ser otra cosa
seré lo que sea
seré un conductor de gentes
seré un deprimido
seré un ser de mirada dulce
en el río, el aire amarilleado
duermo en habitaciones prestadas
los chicos jóvenes migran
no los encuentro
o tienen vejez prematura
o muerte prematura
mi vida debe ser distinta
más violenta
más cuidada
más atenta a las oportunidades
trato de vivir al sesgo
ser más relevante
más apático
más terco
más fiero

Mi juventud también migra
y pasan los años
acepto relacionarme
doblegar mis rodillas
llevar trajes buenos
lavar perfiles humanos
tengo canas en las alas de mi cabello
nadie quiere lo que quiero yo
contemplo posibilidades

traspasada cierta edad
es posible que nada nos importe
o nos conmueva
es posible que nada vuelva a ser de la misma manera
me pregunto sobre todo esto
me interrogo
es una buena pregunta
es pertinente
luego la descarto
imposibilitado de por vida para el placer
estiro las piernas
contrario a la postura del loto

también me pregunto
si mi porvenir estará cargado de malestar
y sé que lo estará
respirar el día a día
puedo volcarme sobre mi vida
con esa perspectiva
y el cansancio
el aire templado
entrando en las piscinas interiores de un hotel

a un hombre grande
le flotan los pechos en la línea del agua
la cabeza extraviada limpia de cabello
los hoteles son lugares extraños para la mente
se ven pasar los aviones
por el cielo nocturno
se ve calmado el volcán
puedo estar así unas horas
sigo siendo delgado
bocarriba parezco una talla de madera
y los chicos degradados
se desvanecen en el mármol

paso por encima de ellos
como un ser vivo vegetal
como un coágulo de vida
y pensamiento

cumplida cierta edad
es ese el único remedio
manchar una piscina
llevarse algo a la boca
sin fuerza
apoderarse sin fuerza
sin vehemencia
sin impulso de vida
sin impulso de vida desde los cero años

escribo a disgusto
habitación 67
voy a contar mi biografía hasta ahora
realmente no puedo describirme mejor
sangro en la bañera
imagino la muerte
y tengo visiones
visitas muy reales
es todo natural
la constatación de un proyecto
una concatenación de hechos
viene la apatía
me echan agua en el cabello
sin intención
respiro

las piscinas ocultan algo
igual que los pasillos

la moqueta
los cambios de ánimo
templado o menos templado
y el pelo húmedo hacia atrás
me lo retiro
oblicuamente

un hombre me silba
nadamos juntos
nos apretamos
cree que encontró el amor
vuelvo a mi cuarto
no quiero saber nada de él
calma, le digo…
slow down

veo morir energía
la luz de los cambiadores
una luz como anunciada
el volcán que da nombre a mi ciudad
me templa
ando por el hotel
en circuito cerrado
a veces tengo iluminaciones
tengo ideas
quiero decir
pero luego las olvido
caminando descalzo
franciscano
un nadador abatido

bebo café solo
piso la moqueta
me apoyo en las paredes
así será mi cénit

la facultad de no querer
tan amplia como la conciencia

estoy guardando mi cuerpo en la sombra
como una posibilidad extinguida
me refiero a una vida
sin otro recurso que la impotencia
vaciada de espíritu
de tensión mental
la edad ha barrido en mí
todo lo que antes
mantenía secreto

sólo el miedo
hace posible
un mundo diferente:

salir de la atonía
por rojos embarcaderos

el mal que asoma
cuando despierto en el atardecer
es lo contrario a la desolación

soy una figura destruida
un adulto malogrado
las cosas vienen a mí
la desgana
el punto de partida
en algún lugar del cuerpo interior
arrinconado

en algún lugar del cuerpo
un deseo indoloro
la energía de un impulso vacío

la fuerza neta de mi naturaleza

un glaciar
pintado con mi sangre

no hay sabor
no hay sabiduría
no hay dolor

y las personas, la voluntad
o lo que sea

se disuelven

se corrompen

se contraen

como las estrellas.

ÍNDICE DE CONTENIDOS

ULTRAMARINOS EDITORIAL
Primera edición | febrero de 2026
Primera reimpresión | junio de 2026

© 2026, L. T. (pseudónimo de Jorge Ruiz), por la obra

© 2026, Ultramarinos Editorial, por la edición
Calle Gran de Sant Andreu, 57, 08030, Barcelona
www.ultramarinoseditorial.com

Dirección editorial | Unai Velasco
Asesor editorial | Sergio Gaspar

Grafismos | Estefanía Urrutia
estefaniaurrutia.com
Diseño de maqueta y asistencia tipográfica | Sergi Gòdia
godiastudios.wordpress.com

Impresión y encuadernación | Romanyà Valls – Tallers Gràfics
Capellades, Barcelona

Depósito legal | B 20458-2025
ISBN | 978-84-128163-5-8

CATÁLOGO DE LIBROS PUBLICADOS
2016-2026